BRZEC
DZIECIOM

Jan Brzechwa

BRZECHWA DZIECIOM

Ilustrował Artur Piątek

SIEDMIORÓG

Projekt okładki i ilustracje: Artur Piątek
Skład: Paweł Cimicki
Korekta: Emil Pasierski, Beata Szcześniak

LEKTURA DLA KLASY I SZKOŁY PODSTAWOWEJ

ISBN 978-83-7568-604-3

Wydawnictwo Siedmioróg
ul. Krakowska 90, 50-427 Wrocław
Księgarnia wysyłkowa Wydawnictwa Siedmioróg
www.siedmiorog.pl

Wrocław 2019

SAMOCHWAŁA

Samochwała

Samochwała w kącie stała
I tak wciąż opowiadała:

– Zdolna jestem niesłychanie,
Najpiękniejsze mam ubranie,
Moja buzia tryska zdrowiem,
Jak coś powiem, to już powiem,
Jak odpowiem, to roztropnie,
W szkole mam najlepsze stopnie,
Śpiewam lepiej niż w operze,
Świetnie jeżdżę na rowerze,

Znakomicie muchy łapię,
Wiem, gdzie Wisła jest na mapie,
Jestem mądra, jestem zgrabna,
Wiotka, słodka i powabna,
A w dodatku, daję słowo,
Mam rodzinę wyjątkową:
Tato mój do pieca sięga,
Moja mama – taka tęga,
Moja siostra – taka mała,
A ja jestem – samochwała!

Zapałka

Mówiła dumnie zapałka:
– Pokażcie takiego śmiałka,
Co w domu zadarłby ze mną,
Gdy nagle zrobi się ciemno.
Doprawdy, słońce jest niczym
Ze swym błyszczącym obliczem,
Bo tylko w dzień świecić może,
A ja zaś o każdej porze!

– To ci heca –
Rzekła świeca.

Zapałka na to zuchwale:
– Gdy zechcę, świat cały spalę,
I choć nie lubię się chwalić,
Potrafię Wisłę podpalić.
Po czym, po krótkim namyśle,
Skoczyła i znikła w Wiśle.
Tak się skończyły przechwałki
Zarozumiałej zapałki.

– To ci heca –
Rzekła świeca.

Skarżypyta

– Piotruś nie był dzisiaj w szkole,
Antek zrobił dziurę w stole,
Wanda obrus poplamiła,
Zosia szyi nie umyła,
Jurek zgubił klucz, a Wacek
Zjadł ze stołu cały placek.

– Któż się ciebie o to pyta?!
– Nikt. Ja jestem skarżypyta.

Kłamczucha

– Proszę pana, proszę pana,
Zaszła u nas wielka zmiana:
Moja starsza siostra Bronka
Zamieniła się w skowronka,
Siedzi cały dzień na buku
I powtarza: „Kuku, kuku!”

– Pomyśl tylko, co ty pleciesz!
To zwyczajne kłamstwo przecież.

– Proszę pana, proszę pana,
Rzecz się stała niesłychana:
Zamiast deszczu, u sąsiada
Dziś padała oranżada,
I w dodatku całkiem sucha.

– Fe, nieładnie! Fe, kłamczucha!

– To nie wszystko, proszę pana!
U stryjenki wczoraj z rana
Abecadło z pieca spadło,
Całą pieczeń z rondla zjadło,
A tymczasem na obiedzie
Miał być lew i dwa niedźwiedzie.

– To dopiero jest kłamczucha!

– Proszę pana, niech pan słucha!
Po południu na zabawie
Utonęła kaczka w stawie.
Pan nie wierzy? Daję słowo!
Sprowadzono straż ogniową,
Przecedzono wodę sitem,
A co ryb złowiono przy tym!

– Fe, nieładnie! Któż tak kłamie?
Zaraz się poskarżę mamie!

Leń

Na tapczanie siedzi leń,
Nic nie robi cały dzień.

– O, wypraszam to sobie!
Jak to? Ja nic nie robię?
A kto siedzi na tapczanie?
A kto zjadł pierwsze śniadanie?
A kto dzisiaj pluł i łapał?
A kto się w głowę podrapał?
A kto dziś zgubił kalosze?
O – o! Proszę!

Na tapczanie siedzi leń,
Nic nie robi cały dzień.

– Przepraszam! A tranu nie piłem?
A uszu dzisiaj nie myłem?
A nie urwałem guzika?
A nie pokazałem języka?
A nie chodziłem się strzyc?
To wszystko nazywa się nic?

Na tapczanie siedzi leń,
Nic nie robi cały dzień.

Nie poszedł do szkoły, bo mu się nie chciało,
Nie odrobił lekcji, bo czasu miał za mało,
Nie zasznurował trzewików, bo nie miał ochoty,
Nie powiedział „dzień dobry”, bo z tym za dużo roboty,
Nie napoił Azorka, bo za daleko jest woda,
Nie nakarmił kanarka, bo czasu mu było szkoda;
Miał zjeść kolację – tylko ustami mlasnął,
Miał położyć się spać – nie zdążył – zasnął.
Śniło mu się, że nad czymś ogromnie się trudził;
Tak zmęczył się tym snem, że się obudził.

Pytalski

Na ulicy Trybunalskiej
Mieszka sobie Staś Pytalski,
Co, gdy tylko się obudzi,
Pytaniami dręczy ludzi:

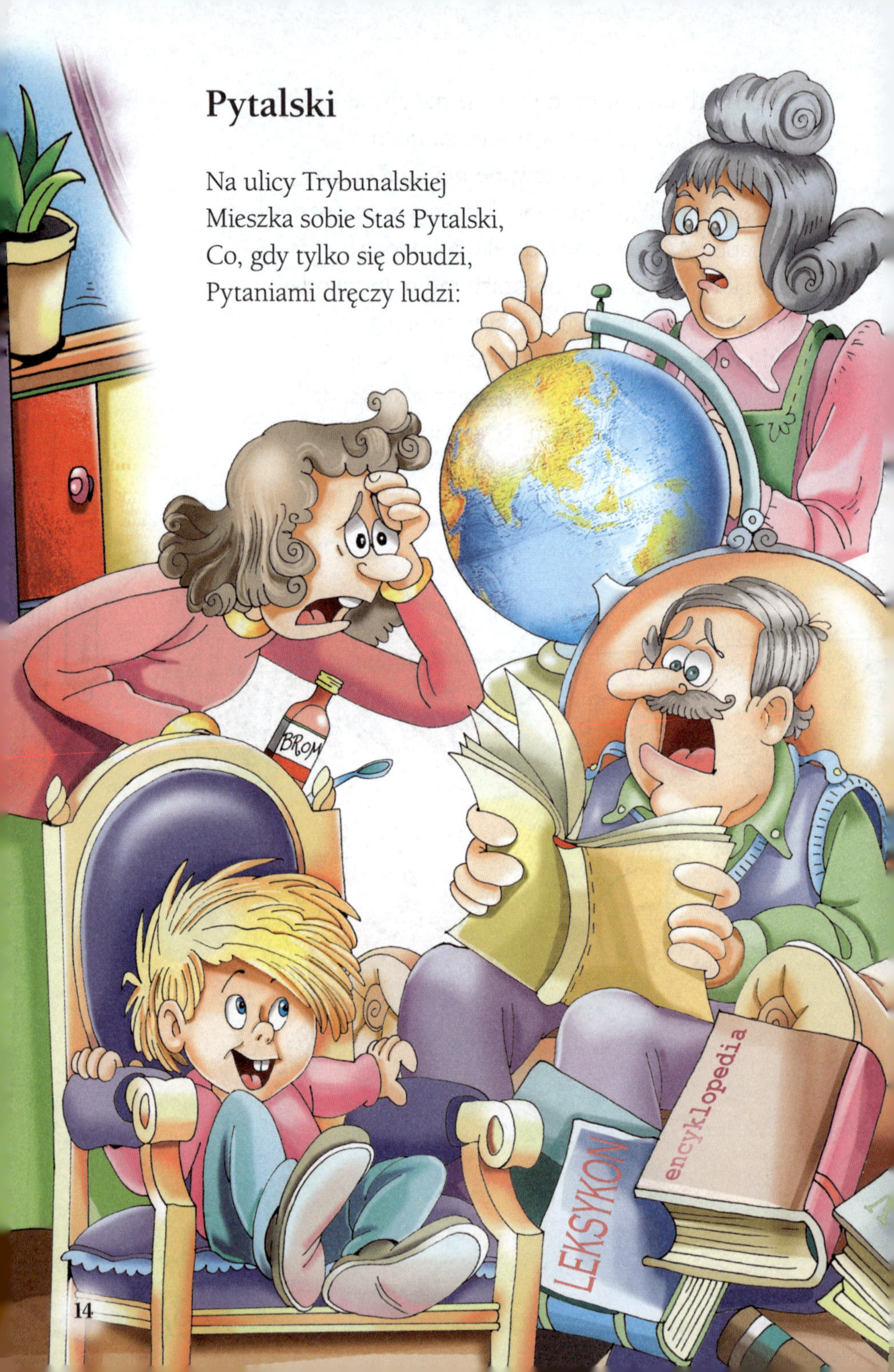

– W którym miejscu zaczyna się kula?
Co na deser gotują dla króla?
Ile kroków jest stąd do Powiśla?
O czym myślałby stół, gdyby myślał?
Czy lenistwo na łokcie się mierzy?
Skąd wiadomo, że Jurek to Jerzy?
Kto powiedział, że kury są głupie?
Ile much może zmieścić się w zupie?
Na co łysym potrzebna łysina?
Kto indykom guziki zapina?
Skąd się biorą bruneci na świecie?
Ile ważą dwa kleksy w kajecie?
Czy się wierzy niemowie na słowo?
Czy jaskółka potrafi być krową?

Dziadek już od roku siedzi
I obmyśla odpowiedzi,
Babka jakiś czas myślała,
Ale wkrótce osiwiała.
Matka wpadła w stan nerwowy
I musiała zażyć bromu,
Ojciec zaś poszedł po rozum do głowy
I kiedy powróci – nie wiadomo.

Grzyby

Król Borowik Prawdziwy szedł lasem
Postukując swym jedynym obcasem,
A ze złości brunatny był cały,
Bo go muchy okrutnie kąsały.
Tedy siadł uroczyście pod dębem
I rozkazał na alarm bić w bęben:

– Hej, grzyby, grzyby,
Przybywajcie do mojej siedziby,
Przybywajcie orężnymi pułkami –
Wyruszamy na wojnę z muchami!

Odezwały się pierwsze opieńki:
– Opieniek jest maleńki,
A tam trzeba skakać na sążeń.
Gdzie nam, królu, do takich dążeń?

Załkały surojadki:
– My mamy maleńkie dziatki,
Wolimy życie spokojne,
Inne grzyby prowadź na wojnę.

Zaszemrały modraczki:
– Mamy całkiem zniszczone fraczki,
Mamy buty wśród grzybów najstarsze,
Nie dla nas wojenne marsze.

Zastękały czubajki:
– Wpierw musimy wypalić fajki,
Wypalimy je, królu, do zimy,
W zimie z tobą na wojnę ruszymy.

A król siedzi niezmiennie pod dębem,
Każe znowu na alarm bić w bęben:

– Przybywajcie, pieczarki, maślaki,
Trufle, gąski, purchawki, koźlaki,
Bedłki, rydze, bielaki i smardze,
Przybywajcie, bo tchórzami pogardzę!

Ledwo rzekł to, wtem patrzy, a z boru
Maszeruje pułk muchomorów:
– Przychodzimy z muchami wojować!
Ty nas, królu, na wojnę prowadź!

Wojowały grzybowe zuchy,
Pokonały aż cztery muchy.
Król Borowik winszował im szczerze
I dał wszystkim po grzybowym orderze.

Ptasie plotki

Usiadła zięba na dębie:
– Na pewno dziś się przeziębię!

Dostanę chrypki, być może,
Głos jeszcze stracę, broń Boże,

A koncert mam zamówiony
W najbliższą środę u wrony.

Jęknęły smutnie żołędzie:
– Co będzie, ziębo, co będzie?

Leć do dzięcioła, do buka,
Niech dzięcioł ciebie opuka!

Podniosła lament sikora:
– Podobno zięba jest chora!

Gil z tym poleciał do szpaka:
– Jest sprawa taka a taka,

Mówiła właśnie sikora,
Że zięba jest ciężko chora.

Poleciał szpak do słowika:
– Ze słów sikory wynika,

Że zięba już od miesiąca
Po prostu jest konająca.

Słowik wróblowi polecił,
By trumnę dla zięby sklecił.

Rzekł wróbel do drozda: – Droździe,
Do trumny przynieś mi gwoździe.

Stąd dowiedziała się wrona,
Że zięba na pewno kona.

A zięba nic nie wiedziała,
Na dębie sobie siedziała,

Aż jej doniosły żołędzie,
Że koncert się nie odbędzie,

Gdyż zięba właśnie umarła
Na ciężką chorobę gardła.

Kwoka

Proszę pana, pewna kwoka
Traktowała świat z wysoka

I mówiła z przekonaniem:
– Grunt – to dobre wychowanie!

Zaprosiła raz więc gości,
By nauczyć ich grzeczności.

Osioł pierwszy wszedł, lecz przy tym
W progu garnek stłukł kopytem.

Kwoka wielki krzyk podniosła:
– Widział kto takiego osła?!

Przyszła krowa. Tuż za progiem
Zbiła szybę lewym rogiem.

Kwoka, gniewna i surowa,
Zawołała: – A to krowa!

Przyszła świnia prosto z błota.
Kwoka złości się i miota:

– Co też pani tu wyczynia?
Tak nabłocić! A to świnia!

Przyszedł baran. Chciał na grzędzie
Siąść cichutko w drugim rzędzie,

Grzęda pękła. Kwoka wściekła
Coś o łbie baranim rzekła

I dodała: – Próżne słowa,
Takich nikt już nie wychowa,

Trudno... Wszyscy się wynoście!
No i poszli sobie goście.

Czy ta kwoka, proszę pana,
Była dobrze wychowana?

Jajko

Było sobie raz jajko mądrzejsze od kury.
Kura wyłazi ze skóry,
Prosi, błaga, namawia: – Bądź głupsze!
Lecz co można poradzić, kiedy się ktoś uprze?

Kura martwi się bardzo i nad jajkiem gdacze,
A ono powiada, że jest kacze.

Kura prosi serdecznie i szczerze:
– Nie trzęś się, bo będziesz nieświeże.
A ono właśnie się trzęsie
I mówi, że jest gęsie.

Kura do niego zwraca się z nauką,
Że jajka łatwo się tłuką,
A ono powiada, że to bajka,
Bo w wapnie trzyma się jajka.

Kura czule namawia: – Chodź, to cię wysiedzę.
A ono ucieka za miedzę,
Kładzie się na grządkę pustą
I oświadcza, że będzie kapustą.

Kura powiada: – Nie chodź na ulicę,
Bo zrobią z ciebie jajecznicę.
A jajko na to najbezczelniej:
– Na ulicy nie ma patelni.

Kura mówi: – Ostrożnie! To gorąca woda!
A jajko na to: – Zimna woda! Szkoda!
Wskoczyło do ukropu z miną bardzo hardą
I ugotowało się na twardo.

Na straganie

Na straganie w dzień targowy
Takie słyszy się rozmowy:

– Może pan się o mnie oprze,
Pan tak więdnie, panie koprze.

– Cóż się dziwić, mój szczypiorku,
Leżę tutaj już od wtorku!

Rzecze na to kalarepka:
– Spójrz na rzepę – ta jest krzepka!

Groch po brzuszku rzepę klepie:
– Jak tam, rzepo? Coraz lepiej?

– Dzięki, dzięki, panie grochu,
Jakoś żyje się po trochu,

Lecz pietruszka – z tą jest gorzej:
Blada, chuda, spać nie może.

– A to feler –
Westchnął seler.

Burak stroni od cebuli,
A cebula doń się czuli:

– Mój buraku, mój czerwony,
Czybyś nie chciał takiej żony?

Burak tylko nos zatyka:
– Niech no pani prędzej zmyka,

Ja chcę żonę mieć buraczą,
Bo przy pani wszyscy płaczą.

– A to feler –
Westchnął seler.

Naraz słychać głos fasoli:
– Gdzie się pani tu gramoli?!

– Nie bądź dla mnie taka wielka! –
Odpowiada jej brukselka.

– Widzieliście, jaka krewka! –
Zaperzyła się marchewka.

– Niech rozsądzi nas kapusta!
– Co, kapusta?! Głowa pusta?!

A kapusta rzecze smutnie:
– Moi drodzy, po co kłótnie,

Po co wasze swary głupie,
Wnet i tak zginiemy w zupie!

– A to feler –
Westchnął seler.

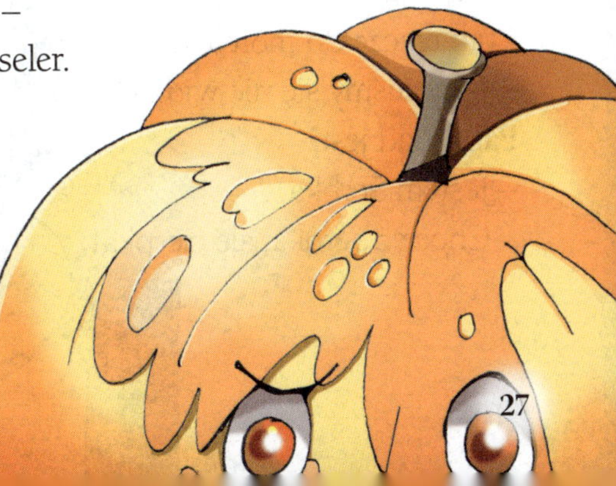

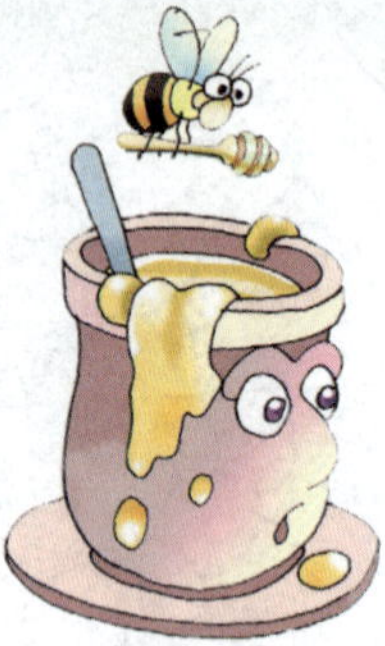

Rzepa i miód

Chwaliła się raz rzepa przed całym ogrodem,
Że jest bardzo smaczna z miodem.
Na to miód się obruszy i tak jej przygani:
– A ja jestem smaczny i bez pani!

Arbuz

W owocarni arbuz leży
I złośliwie pestki szczerzy;
Tu przygani, tam zaczepi.
– Już byś przestał gadać lepiej,
Zamknij buzię,
Arbuzie!

Ale arbuz jest uparty,
Dalej stroi sobie żarty
I tak rzecze do moreli:
– Jeszcześmy się nie widzieli.
Pani skąd jest?
– Jestem Serbka...
– Chociaż Serbka, ale cierpka!

Wszystkich drażnią jego drwiny,
A on mówi do cytryny:
– Pani skąd jest?
– Jestem Włoszka...
– Chociaż Włoszka, ale gorzka!

Gwałt się podniósł na wystawie:
– To zuchwalstwo! To bezprawie!
Zamknij buzię,
Arbuzie!

Lecz on za nic ma owoce,
Szczerzy pestki i chichoce.
Melon dość już miał arbuza,
Krzyknął: – Głupiś! Szukasz guza!
Będziesz miał za swoje sprawki!
Runął wprost na niego z szafki,
Potem stoczył go za ladę
I tam zbił na marmoladę.

Pomidor

Pan pomidor wlazł na tyczkę
I przedrzeźnia ogrodniczkę.
Jak pan może,
Panie pomidorze?!

Oburzyło to fasolę:
– A ja panu nie pozwolę!
Jak pan może,
Panie pomidorze?!

Groch zzieleniał aż ze złości:
– Że też nie wstyd jest waszmości!
Jak pan może,
Panie pomidorze?!

Rzepa także go zagadnie:
– Fe! Niedobrze! Fe! Nieładnie!
Jak pan może,
Panie pomidorze?!

Rozgniewały się warzywa:
– Pan już trochę nadużywa.
Jak pan może,
Panie pomidorze?!

Pan pomidor, zawstydzony,
Cały zrobił się czerwony
I spadł wprost ze swojej tyczki
Do koszyczka ogrodniczki.

Prot i Filip

Prot i Filip lat już wiele
Słyną jako przyjaciele.

Czy wesele, czy też stypa,
Prot nie pójdzie bez Filipa,

Nie opuści Filip Prota,
Choćby dostał worek złota.

Gdy się zdarzy jakaś bieda,
Prot Filipa skrzywdzić nie da,

Kiedy Prota zmoże grypa,
Już przy Procie masz Filipa.

Dość, że wszyscy wiedzą o tym:
Prot z Filipem, Filip z Protem.

Lecz i przyjaźń czasem bywa
Niesłychanie uciążliwa.

Filip chował rybki złote,
A tu Prot umyślił psotę:

Wziął i wszystkie zjadł w potrawce.
Filip, zły, chce znaleźć sprawcę,

Caluteńki dom przetrząsa,
A Prot śmieje się spod wąsa:

– Ach, Filipie, ach, Filipie,
Trzeba znać się na dowcipie!

Raz gotował Filip flaki,
A Prot wpadł na pomysł taki,

Że podrzucił mu do garnka
Stary kalosz. Filip sarka,

Obwąchuje całą kuchnię,
A tu obiad gumą cuchnie.

Filip wzdycha i narzeka,
A Prot woła już z daleka:

– Ach, Filipie, ach, Filipie,
Trzeba znać się na dowcipie!

Filip dostał raz po dziadku
Pozłacany fotel w spadku,

Mówił tedy wszystkim dumnie:
– To najlepszy mebel u mnie.

Prota nudził spokój błogi,
Więc w fotelu podciął nogi,

Potem rzecze: – Przyjacielu,
Usiądź sobie w tym fotelu.

Filip usiadł, a tu właśnie
Fotel pod nim jak nie trzaśnie!

Cztery nogi – w cztery strony!
Wstaje Filip potłuczony:

– Któż to zrobił mi, u licha?
Na to Prot ze śmiechu prycha:

– Ach, Filipie, ach, Filipie,
Trzeba znać się na dowcipie!

Tu już Filip najwyraźniej
Dość miał całej tej przyjaźni:

– Lubisz psoty? Oto psota,
Która jest w sam raz dla Prota!

Przy tych słowach popadł w zapał,
Za czuprynę Prota złapał,

Wytarmosił bez litości,
Porachował wszystkie kości

I za krzywdy tak odpłacił,
Że Prot cały dowcip stracił.

Koziołeczek

Posłał kozioł koziołeczka
Po bułeczki do miasteczka.
Koziołeczek ruszył w drogę,
Wtem się natknął na stonogę.
Zadrżał z trwogi, no i w nogi –
Gaik, steczka, mostek, rzeczka,
A tam czekał ojciec srogi
I ukarał koziołeczka:
– Taki tchórz! Taki tchórz!
Ledwo wyszedł, wrócił już!
Ładne rzeczy! Ładne rzeczy!
A koziołek tylko beczy:
    – Jak nie uciec, ojcze drogi,
    Przecież sam rozumiesz to:
    Ja mam tylko cztery nogi,
    A stonoga ma ich sto!

Posłał kozioł koziołeczka
Po ciasteczka do miasteczka.
Koziołeczek mknie raz-dwa-trzy.
Nagle staje, nagle patrzy:
Chustka wisi na parkanie –
Koziołeczek tedy w nogi!
I znów dostał w domu lanie,
Bo był ojciec bardzo srogi:
– Taki tchórz! Taki tchórz!
Ledwo wyszedł, wrócił już!
Ładne rzeczy! Ładne rzeczy!
A koziołek tylko beczy:

– Jak nie uciec, ojcze drogi,
Czyż jest słuszna kara twa?
Chustka ma wszak cztery rogi,
A ja mam zaledwie dwa!

OPOWIEDZIAŁ DZIĘCIOŁ SOWIE

Opowieści różne znacie:
Więc opowieść o piracie,
O magiku-mechaniku,
O zaklętym koguciku,
O północnym, groźnym wietrze
I o chorym termometrze.
O uczonym kocie w butach
I o wyspach Bergamutach,
O diabełku na kominie,
O sierotce Klementynie,
O entliczku, o pentliczku
I o Janku Wędrowniczku,
O Paproszku – mądrym skrzacie –
Wszystkie te historie znacie.
Ale dziś mam – daję słowo –
Bajkę dla was całkiem nową.

Posłuchajcie: pod Dąbrową
Jest dąbrowa. W tej dąbrowie
Opowiedział dzięcioł sowie
O tym, czego się dowiedział,
Kiedy w leśnej dziupli siedział.
Ja to wszystko podsłuchałem
I czym prędzej zapisałem.

I

Było tak: w sędziwym lesie,
Który widać na bezkresie,
Mieszkał bury wilk Barnaba,
Zamożniejszy od nababa.
Miał on skarbów pełne wory
I wciąż znosił do komory
Smakołyki i frykasy,
Z których słyną polskie lasy.

Miał Barnaba spryt handlowy,
Więc założył wśród dąbrowy
Sklep dla zwierząt. Na polanie
Wybudował rusztowanie,
Poukładał mech u góry,
Pozatykał gliną dziury,
Gałęziami ściany pokrył
I, z wysiłku cały mokry,
Siadł za ladą. Na tej ladzie
Smakowite kęski kładzie.
Każdy łatwo coś wyszuka:
Jest tu przysmak dla borsuka,
Jest pachnący ser dla lisa,
Dla niedźwiedzia pełna misa,
Coś dla kuny do zjedzenia,
Świeża marchew dla jelenia,
Dla jaszczurek smaczny żurek
I orzechy dla wiewiórek.

Siedzi wilk Barnaba w sklepie
I zmrużywszy jedno ślepie,
Wszystkich woła i zaprasza:
– Komu jaja, komu kasza,
Komu mleko na śniadanie?
U mnie w sklepie jest najtaniej!

Wielka była to przynęta,
A więc zbiegły się zwierzęta.
Wszystkie tłoczą się u lady:
– Proszę kilo marmolady...
– A ja garść orzechów proszę...
– Dla mnie sadła za trzy grosze...
– Dla mnie miodu dziesięć deka...
– A ja proszę kwartę mleka...

Wilk się krząta i na ladzie
Co najgorszy towar kładzie,
Nie doważa, nie domierza,
Marmolada jest nieświeża,

Sadło zgniłe i nietłuste,
Gorzki ser, orzechy puste,
Zamiast mleka – sama woda.
Wprost każdego grosza szkoda!

– Jak tu drogo! – jęknął zając.
Na to rzekł Barnaba wstając:
– Kto powiedział, że jest drogo?
Nie prosiłem z was nikogo,
By odwiedzał moją knieję.
Komu drogo – niechaj nie je!
A jak chodzi o zające,
Radzę zmykać, bo przetrącę!

Czmychnął zając nie czekając –
Nie przekona wilka zając.
Sarna wstała pełna trwogi,
Tchórz wiewiórce szepnął: – W nogi!
I nie wziąwszy nawet reszty,
Zmykał szybko, gubiąc meszty.

II

Nieco dalej, stąd pół mili,
Mieszkał siwy ryś Bazyli.
Był wąsaty, zły i srogi;
Każdy rad był zejść mu z drogi,
A on prychał, a on mruczał,
Wszystkim bruździł i dokuczał.
Nawet rudy lis Mikita
Bardzo grzecznie rysia witał
I udając, że jest chory,
Szybko biegł do swojej nory.

Ryś miał także sklep swój w lesie;
Znał się ryś na interesie,
Toteż jego sklep był pełny
Ciepłych futer, pierza, wełny,
Ptasich czubków, barwnych piórek
I kapturków dla wiewiórek.

Siedział ryś Bazyli w sklepie
I zmrużywszy jedno ślepie,
Wołał ciągle: – Idzie zima,
Kto na zimę futra nie ma,
Kto lenieje lub łysieje,
Niech tu biegnie poprzez knieję,
Bowiem każde leśne zwierzę
U mnie ciepło się ubierze,
Ptak – odnowi swoje pierze,
Wszystko można dostać u mnie!
Więc zwierzęta biegły tłumnie.
Ten coś kupił, ów coś kupił,
A Bazyli skórę łupił,
Zamiast futer wtykał szmaty,
Zamiast skórek – stare łaty,
Zamiast wełny – pęk badyli.
Taki to był ryś Bazyli!

Niedaleko sklepu rysia
Była w jarze jama lisia,
Dobrze pośród drzew ukryta.
Mieszkał w jamie lis Mikita.

Po wsiach znał kurniki liczne
I zagrody okoliczne,
Umiał świetnie w każdym czasie
Wykryć nowe gniazda ptasie,
Umiał gąskę podejść z bliska,
Wiedział, gdzie są kretowiska,
Po karasie biegł do rzeki
I wybierał miód z pasieki.

Zdobycz swoją co dni kilka
Lis Mikita niósł do wilka.

Wilk unosił się na ławce:
– Czekam, czekam na dostawcę.
Pokaż towar. Cóż to? Kaczka?
Ależ chuda, nieboraczka!
Gęś? Nie będzie z niej pociechy;
Jajka małe jak orzechy.
Nie, Mikito, miód niesłodki,
A karasie są jak płotki.
Nędzna zdobycz, drogi lisie,
I na moje widzimisię
Warta cztery skórki krecie.
Ale więcej? Nigdy w świecie!
Lis miał mores przed Barnabą –
Potargował się dość słabo,
Schował skórki, a po chwili
Już go witał ryś Bazyli:
– Cóż przynosisz dziś, Mikito?
Cztery skórki? Dobre i to.
Mogę wziąć je, chętnie służę,
Dam ci za nie jajko kurze.
Lis podskoczył: – Nie kpij ze mnie!
Słuchać nawet nieprzyjemnie.
Za te skórki, wyznać przykro,
Dałem trzy karasie z ikrą,
Dziesięć jajek, kaczkę młodą,
Gęś i duży plaster miodu.
Ryś uderzył groźnie w ladę:
– Skórki biorę, jajko kładę
I nie radzę wszczynać kłótni,
Bo się skończy jeszcze smutniej.

Lis do kłótni nie był skory –
Poszedł z jajkiem do swej nory
I pomyślał, płaczu bliski:
„To są właśnie moje zyski".

III

Wilk bogacił się na sklepie,
Ryś stał także coraz lepiej.
Jeśli chodzi o Mikitę,
Ten się trzymał własnym sprytem.
Lecz zwierzęta – że wymienię
Tchórze, jeże i jelenie,
Nawet kuny i niedźwiedzie –
Wszystkie były w wielkiej biedzie.

A tymczasem przyszła jesień,
Coraz głodniej było w lesie,
Coraz głodniej, coraz chłodniej,
Upływały dni, tygodnie,
W lesie było brak żywności,
Poszły wszystkie oszczędności,
A u rysia i u wilka
Ceny rosły co dni kilka.

Wilk Barnaba siedział w sklepie
I zmrużywszy jedno ślepie,
Wykrzykiwał: – Głodomory,
Opuszczajcie wasze nory,
Przybywajcie do mnie tłumnie!
Tylko u mnie, tylko u mnie
Są kiełbaski i serdelki,
I przysmaków wybór wielki!
Równocześnie z innej strony
Ryś Bazyli niestrudzony
Wołał: – Do mnie, chuderlaki!
Mam serdaki, mam kubraki,
Skórki ciepłe jak pierzyny
I zimowe peleryny.
Lecz zachęta nie pomoże,
Kiedy nędza jest w komorze,
Bo kupują ci, co płacą,
A kupować nie ma za co.

Tak cierpiała knieja cała.
Wreszcie miarka się przebrała.

Mieszkał w lesie niedźwiedź Błażej.
Choć wyglądał nie najstarzej,
Szanowały go zwierzęta,
Tak jak ludzie – prezydenta.
Przyszły tedy do Błażeja:
– W tobie cała jest nadzieja!
W lesie chłodno, w domu głodno,
Daj nam radę niezawodną,
Bo Barnaba i Bazyli
Już doszczętnie nas złupili.
Niedźwiedź w ucho się podrapał,
Długo myślał, długo sapał,
Wreszcie rzekł: – Mam pomysł taki:

Niech kukułka wszystkie ptaki
I zwierzęta z całej kniei
Zawiadomi po kolei,
Że w świetlicy „Pod Żołędziem"
Jutro się nasz sejm odbędzie.

– Świetnie! Świetnie! – krzyknął zając. –
Sejm zwołajmy nie zwlekając!
– Racja – rzekły dwie kukułki,
Nierozłączne przyjaciółki. –
Obwieścimy wnet orędzie,
Że się jutro sejm odbędzie.
Zaraz wzięły się do dzieła,
Jedna w prawo pofrunęła.
Druga w lewo – i kukały
Dwie kukułki przez dzień cały.

IV

Wielkie tłumy sejm zgromadził.
Niedźwiedź z braćmi się naradził,
Po czym wszedł na podwyższenie
I pozdrowił zgromadzenie:
– Witam sarny i jelenie,
Witam kuny, tchórze, jeże,
Nawet lisy witam szczerze
I borsuki, i zające,
Całe ptactwo śpiewające,

Nawet srokę, nawet sowę,
Witam wszystkich, jednym słowem.
Moi drodzy, znamy dzisiaj
Sprawki wilka, sprawki rysia.
Czas już skończyć z ich wyzyskiem,
Więc niech nad tym przede wszystkim
Sejm nasz dziś się zastanowi.
Głos oddaję borsukowi.
Borsuk wstał, poprawił przedziałek,
Chrząknął, po czym tak powiedział:
– Mogę wyznać nie bez dumy,
Żem tu wszystkie zjadł rozumy,
Żem obmyślił wszystko ściśle
I wam powiem to, co myślę.
Czas już wreszcie wyjść z potrzasku,
Przestać jadać babki z piasku,
Chleb ze śniegu, figi z makiem.
Otóż ja mam plany takie:
Każdy ptak i każde zwierzę
W swej komorze coś wybierze
I natychmiast tu przyniesie
Jako udział w interesie.
Gdy zbierzemy już udziały,
Otworzymy sklep wspaniały,
Gdzie się będą sprzedawały
Tanie, świeże wiktuały.
Wspólnym trudem i staraniem
Zdobędziemy futra tanie,
Tanie sadło, tanią kaszę.
Zjednoczymy siły nasze.

Wszyscy razem, nie oddzielnie,
Ale dzielnie tę spółdzielnię
Przed nadejściem jeszcze zimy
Wspólną pracą utworzymy.
Jeleń krzyknął: – Dobrze gada!
To przynajmniej mądra rada!
Tchórz zawołał: – Brawo, brawo,
Trzeba zająć się tą sprawą,
Bo gdzie jest wysiłek zgodny,
Tam dobrobyt niezawodny!
Tu przemówił lis Mikita:
– Myśl naprawdę znakomita,
Ruch spółdzielczy bardzo cenię,
Chętnie swą naturę zmienię
I zapewniam zgromadzenie,
Że od dzisiaj najrzetelniej
Chcę pracować dla spółdzielni.

– Świetnie! – rzekły dwie kukułki,
Nierozłączne przyjaciółki,
I uparcie coś kukały
W sposób dość niezrozumiały.
Niedźwiedź przerwał to kukanie:
– Dosyć, dosyć, moje panie.
Sprawa jasna, szkoda czasu!
Budujemy sklep wśród lasu.
Wszystkich czeka ciężka praca –
Praca zawsze się opłaca.
Przekonajmy więc borsuka,
Że nie poszła w las nauka,

Że już wilk nas nie oszuka,
Że już ryś nas nie oszwabi –
Żeśmy silni, a nie słabi.
– Brawo, brawo! – krzyknął zając. –
Sklep budujmy nie zwlekając,
Lecz uczcijmy wpierw Błażeja,
Kniei naszej dobrodzieja!

– Oczywiście! W górę! W górę! –
Zawołali wszyscy chórem
I wesoło, choć z wysiłkiem,
Podrzucali go jak piłkę,
A kukułka z przyjaciółką
Szybowały nad nim w kółko.

V

Wszyscy zgodnie pracowali:
Więc niedźwiedzie – wzorem drwali –
Dostarczyły pni i pali.
Sarny z wszystkich stron się zbiegły
I lepiły z gliny cegły.
Z wodnej tafli jeleń szybki
Pozdejmował szklane szybki.
Przy stawianiu pieców kuna
Wykonała pracę zduna.
Jeże igieł dostarczyły,
A dzięcioły z całej siły
Deski nimi przybijały
Do podłogi i powały.

Pracowali wszyscy zgodnie
I w niespełna dwa tygodnie
Sklep stał całkiem już gotowy
Na polanie wśród dąbrowy.

Wnet borsuki, tchórze, kozły
Najróżniejszy prowiant zwiozły:
Sadło, kaszę i serdelki,
I przysmaków wybór wielki.
Oprócz tego sklep był pełny
Ciepłych futer, pierza, wełny,
Ptasich czubków, barwnych piórek
I kapturków dla wiewiórek.

A za ladą lis Mikita
Kupujących grzecznie wita,
Tu odważy, tam odmierzy,
Towar dobry, tani, świeży.
Nikt nikogo nie oszwabia,
Nikt na nikim nie zarabia,
Bo gdzie łączą wspólne cele,
Tam są wszyscy przyjaciele.

Sklep szedł odtąd jak najlepiej,
Każdy wszystko dostał w sklepie
I w powszechnym dobrobycie
Upływało leśne życie.

A kukułka z przyjaciółką
Wciąż latały tylko w kółko
I na przekór innym ptakom
Ułożyły piosnkę taką:
– Powiedzcie, jaskółki,
    Ku-ku,
Gdzie mam kupić bułki?
    Ku-ku!
– W spółdzielczym sklepie,
    Ku-ku,
Kupisz najlepiej,
    Ku-ku!

– Powiedzcie mi, kraski,
    Ku-ku,
Gdzie mam kupić placki?
    Ku-ku!
– W spółdzielczym sklepie,
    Ku-ku,
Kupisz najlepiej,
    Ku-ku!

– Powiedzcie, słowiki,
    Ku-ku,
Gdzie kupić pierniki?
    Ku-ku!
– W spółdzielczym sklepie,
    Ku-ku,
Kupisz najlepiej,
    Ku-ku!
Tak śpiewały i kukały
Dwie kukułki przez dzień cały.

Bury wilk przed sklepem swoim
Stał i patrzył z niepokojem.
Wreszcie zamknął go na kłódkę
I opuścił las ze smutkiem.

– Trudno! – westchnął ryś Bazyli.
Także zamknął sklep po chwili
I opuścił z żalem knieję.

Co się z nimi teraz dzieje,
Tego nawet dzięcioł sowie,
Choć jest plotkarz – nie opowie.

ENTLICZEK-
-PENTLICZEK

Entliczek-pentliczek

Entliczek-pentliczek, czerwony stoliczek,
A na tym stoliczku pleciony koszyczek,

W koszyczku jabłuszko, w jabłuszku robaczek,
A na tym robaczku zielony kubraczek.

Powiada robaczek: – I dziadek, i babka,
I ojciec, i matka jadali wciąż jabłka,

A ja już nie mogę! Już dosyć! Już basta!
Mam chęć na befsztyczek! – I poszedł do miasta.

Szedł tydzień, a jednak nie zmienił zamiaru;
Gdy znalazł się w mieście, poleciał do baru.

Są w barach – wiadomo – zwyczaje utarte:
Podchodzi doń kelner, podaje mu kartę,

A w karcie – okropność! – przyznacie to sami:
Jest zupa jabłkowa i knedle z jabłkami,

Duszone są jabłka, pieczone są jabłka
I z jabłek szarlotka, i placek, i babka!

No, widzisz, robaczku! I gdzie twój befsztyczek?
Entliczek-pentliczek, czerwony stoliczek.

Chrząszcz

W Szczebrzeszynie chrząszcz brzmi w trzcinie
I Szczebrzeszyn z tego słynie.

Wół go pyta: – Panie chrząszczu,
Po co pan tak brzęczy w gąszczu?

– Jak to – po co? To jest praca,
Każda praca się opłaca.

– A cóż za to pan dostaje?
– Też pytanie! Wszystkie gaje,

Wszystkie trzciny po wsze czasy,
Łąki, pola oraz lasy,

Nawet rzeczki, nawet zdroje,
Wszystko to jest właśnie moje!

Wół pomyślał: „Znakomicie,
Też rozpocznę takie życie".

Wrócił do dom i wesoło
Zaczął brzęczeć pod stodołą

Po wolemu, tęgim basem.
A tu Maciek szedł tymczasem.

Jak nie wrzaśnie: – Cóż to znaczy?
Czemu to się wół próżniaczy?!

– Jak to? Czyż ja nic nie robię?
Przecież właśnie brzęczę sobie!

– Ja ci tu pobrzęczę, wole,
Dosyć tego! Jazda w pole!

I dał taką mu robotę,
Że się wół oblewał potem.

Po robocie pobiegł w gąszcze.
– Już ja to na chrząszczu pomszczę!

Lecz nie zastał chrząszcza w trzcinie,
Bo chrząszcz właśnie brzęczał w Pszczynie.

Hipopotam

Zachwycony jej powabem,
Hipopotam błagał żabę:
– Zostań żoną moją, co tam,
Jestem wprawdzie hipopotam,
Kilogramów ważę z tysiąc,
Ale za to mógłbym przysiąc,
Że wzór męża znajdziesz we mnie.
I że ze mną żyć przyjemnie.
Czuję w sobie wielki zapał,
Będę ci motylki łapał
I na grzbiecie, jak w karecie,
Będę woził cię po świecie,
A gdy jazda już cię znuży –
Wrócisz znowu do kałuży.
Krótko mówiąc – twoją wolę
Zawsze chętnie zadowolę,
Każdy rozkaz spełnię ściśle.
Co ty na to?

– Właśnie myślę...
Dobre chęci twoje cenię,
A więc – owszem. Mam życzenie...

– Jakie, powiedz? Powiedz szybko,
Moja żabko, moja rybko,
I nie krępuj się zupełnie –
Twe życzenie każde spełnię,
Nawet całkiem niedoścignie...

– Dobrze, proszę: nawlecz igłę!

Na wyspach Bergamutach

Na wyspach Bergamutach
Podobno jest kot w butach,

Widziano także osła,
Którego mrówka niosła,

Jest kura samograjka
Znosząca złote jajka,

Na dębach rosną jabłka
W gronostajowych czapkach,

Jest i wieloryb stary,
Co nosi okulary,

Uczone są łososie
W pomidorowym sosie

I tresowane szczury
Na szczycie szklanej góry,

Jest słoń z trąbami dwiema
I tylko... wysp tych nie ma.

Kokoszka-smakoszka

Szła z targu kokoszka-smakoszka,
Spotkała ją pewna kumoszka.
– Co widzę? Wątróbka, ozorek?
Ja do ust tych rzeczy nie biorę!

Kura na to: – Kud-ku-dak!
A ja – owszem! A ja – tak!

– No co też paniusia powiada!
A taka, na przykład, rolada?
Toż nie ma w niej nic oprócz sadła –
Już ja bym rolady nie jadła!

Kura na to: – Kud-ku-dak!
A ja – owszem! A ja – tak!

– Lub weźmy, powiedzmy, makaron
Czy gulasz, czy rybę na szaro,
Czy jakieś tam flaki z olejem –
O, nie! Takich potraw ja nie jem!

Kura na to: – Kud-ku-dak!
A ja – owszem! A ja – tak!

– Są ludzie, paniusiu kochana,
Co jajka już jedzą od rana.
Nie dla mnie są takie rozkosze,
Bo jajek po prostu nie znoszę!

Kura na to: – Kud-ku-dak!
A ja – owszem! A ja – tak!

Kaczka-dziwaczka

Nad rzeczką opodal krzaczka
Mieszkała kaczka-dziwaczka,
Lecz zamiast trzymać się rzeczki,
Robiła piesze wycieczki.

Raz poszła więc do fryzjera:
– Poproszę o kilo sera!

Tuż obok była apteka:
– Poproszę mleka pięć deka.

Z apteki poszła do praczki
Kupować pocztowe znaczki.

Gryzły się kaczki okropnie:
– A niech tę kaczkę gęś kopnie!

Znosiła jaja na twardo
I miała czubek z kokardą,
A przy tym, na przekór kaczkom,
Czesała się wykałaczką.

Kupiła raz maczku paczkę,
By pisać list drobnym maczkiem.
Zjadając tasiemkę starą,
Mówiła, że to makaron,
A gdy połknęła dwa złote,
Mówiła, że odda potem.

Martwiły się inne kaczki:
– Co będzie z takiej dziwaczki?

Aż wreszcie znalazł się kupiec:
– Na obiad można ją upiec!
Pan kucharz kaczkę starannie
Piekł jak należy w brytfannie,
Lecz zdębiał, obiad podając,
Bo z kaczki zrobił się zając,
W dodatku cały w buraczkach.

Taka to była dziwaczka!

Sum

Mieszkał w Wiśle sum wąsaty,
Znakomity matematyk.

Krzyczał więc na całe skrzele:
– Do mnie, młodzi przyjaciele!

W dni powszednie i niedzielę
Na życzenie mnożę, dzielę,

Odejmuję i dodaję,
I pomyłek nie uznaję!

Każdy więc mógł przyjść do suma
I zapytać: – Jaka suma?

A sum jeden w całej Wiśle
Odpowiadał na to ściśle.

Znała suma cała rzeka,
Więc raz przybył lin z daleka

I powiada: – Drogi panie,
Ja dla pana mam zadanie.

Jeśli pan tak liczyć umie,
Niech pan powie, panie sumie,

Czy pan zdoła, w swym pojęciu,
Odjąć zero od dziesięciu?

Sum uśmiechnął się z przekąsem,
Liczy, liczy coś pod wąsem,

Wąs sumiasty jak u suma,
A sum duma, duma, duma.

– To dopiero mam z tym biedę:
Może dziesięć? Może jeden?

Upłynęły dwie godziny,
Sum z wysiłku jest już siny.

Myśli, myśli: „To dopiero!
Od dziesięciu odjąć zero?

Żebym miał przynajmniej kredę!
Zaraz, zaraz... Wiem już... Jeden!

Nie! Nie jeden. Dziesięć chyba...
Ach, ten lin! Ta wstrętna ryba!"

A lin szydzi: – Panie sumie,
W sumie pan niewiele umie!

Sum ze wstydu schnie i chudnie,
Już mu liczyć coraz trudniej...

A tu minął wieczór cały,
Wszystkie ryby się pospały

I nastało znów południe,
A sum chudnie, chudnie, chudnie...

I nim dni minęło kilka,
Stał się chudy niczym kilka,

Więc opuścił wody słodkie
I za żonę pojął szprotkę.

Tom

Według S. Marszaka

Nad rzeką stoi dom,
Który zbudował Tom.

To jest pies podwórzowy, Burek,
Który szczeka na cały dom,
Który zbudował Tom.

A to jest kot z podwórka,
Który podrapał Burka,
Który szczeka na cały dom,
Który zbudował Tom.

To jest leniwy pastuch,
Co drażni kota z podwórka,
Który podrapał Burka,
Który szczeka na cały dom,
Który zbudował Tom.

A to jest mucha,
Która ugryzła pastucha,
Co drażni kota z podwórka,
Który podrapał Burka,
Który szczeka na cały dom,
Który zbudował Tom.

A oto gruba Aniela,
Co jest złośliwa jak mucha,
Która ugryzła pastucha,
Co drażni kota z podwórka,
Który podrapał Burka,
Który szczeka na cały dom,
Który zbudował Tom.

A to jest łaciate cielę,
Które kopnęło Anielę,
Co jest złośliwa jak mucha,
Która ugryzła pastucha,
Co drażni kota z podwórka,
Który podrapał Burka,
Który szczeka na cały dom,
Który zbudował Tom.

A to jest właśnie Tom,
Który ciągnie za ogon cielę,
Które kopnęło Anielę,
Co jest złośliwa jak mucha,
Która ugryzła pastucha,
Co drażni kota z podwórka,
Który podrapał Burka,
Który szczeka na cały dom,
Który zbudował Tom.

Psie smutki

Na brzegu błękitnej rzeczki
Mieszkają małe smuteczki.

Ten pierwszy jest z tego powodu,
Że nie wolno wchodzić do ogrodu,
Drugi – że woda nie chce być sucha,
Trzeci – że mucha wleciała do ucha,
A jeszcze, że kot musi drapać,
Że kura nie daje się złapać,
Że nie można gryźć w nogę sąsiada
I że z nieba kiełbasa nie spada,
A ostatni smuteczek jest o to,
Że człowiek jedzie, a piesek musi biec piechotą.

Lecz wystarczy pieskowi dać mleczko
I już nie ma smuteczków nad rzeczką.

PALI SIĘ!

Pali się!

Leciała mucha z Łodzi do Zgierza,
Po drodze patrzy: strażacka wieża,
Na wieży strażak zasnął i chrapie,
W dole pod wieżą gapią się gapie.

Mucha strażaka ugryzła srodze,
Podskoczył strażak na jednej nodze,
Spogląda – gapie w dole zebrali się,
Wkoło rozejrzał się – o, rety! Pali się!

Pożar widoczny, tak jak na dłoni!
Złapał za sznurek, na alarm dzwoni:
– Pożar, panowie! Wstawać, panowie!
Dom się zapalił na Julianowie!

Z łóżek strażacy szybko zerwali się –
Pali się!
Pali się!!
Pali się!!!
Pali się!!!!

Fryzjer zobaczył łunę z oddali:
– Co to się pali? Gdzie to się pali?
Na Sienkiewicza? Na Kołłątaja?
Czy też w Alei Pierwszego Maja?

Może spółdzielnia? Może piekarnia?
Łuna już całe niebo ogarnia.

Wstali strażacy, szybko ubrali się.
Pali się!
Pali się!!
Pali się!!!
Pali się!!!!

Wyszli na balkon sędzia z sędziną,
Doktor, choć mocno spał pod pierzyną,
Wybiegł i patrzy z poważną miną.

Z okna wychylił głowę mierniczy,
A już profesor z przeciwka krzyczy:

– Obywatele! Wiadra przynieście!
Wszyscy na rynek! Pali się w mieście,

Dom cały w ogniu, zaraz zawali się!
Pali się!
Pali się!!
Pali się!!!
Pali się!!!!

Biegną już ludzie z szybkością wielką:
Więc nauczyciel z nauczycielką,
Fryzjer, sekretarz, telegrafista,
No i policjant, rzecz oczywista.

Straż jest gotowa w ciągu minuty.
Konia prowadzą – koń nie podkuty!
Trzeba zawołać szybko kowala,
Pożar na dobre już się rozpala!

Prędzej! Gdzie kowal?! To nie zabawka!
Dawać sikawkę! Gdzie jest sikawka?!
Z pompą zepsutą niełatwa sprawa.
Woda do beczki! Beczka dziurawa!
Trudno, to każdej beczce się zdarza.
Który tam?! Prędzej, dawać bednarza!
Zbierać siekiery, haki i liny!
Pali się w mieście już od godziny!
Pali się!
Pali się!!
Pali się!!!
Pali się!!!!

Wreszcie strażacy szybko zebrali się,
Beczkę zatkali drewnianym czopem,
Jadą już, jadą, pędzą galopem.
Przez Sienkiewicza, przez Kołłątaja,
Prosto w Aleję Pierwszego Maja –
Już przyjechali, już zatrzymali się:
Pali się!
          Pali się!!
                    Pali się!!!
                              Pali się!!!!

– Co to się pali? Gdzie to się pali?
Teren zbadali, ludzi spytali
I pojechali galopem dalej.

– Gdzie to się pali? Może to tam?
Jadą i trąbią: tram-tra-ta-tam!
Jadą Nawrotem, Rybną, Browarną,
A na Browarnej od dymu czarno,
Wszyscy czekają na straż pożarną.
Więc na Browarnej się zatrzymali:
– Gdzie to się pali?
                              – Tutaj się pali!
Z całej ulicy ludzie zebrali się.
Pali się!
          Pali się!!
                    Pali się!!!
                              Pali się!!!!

Biegną strażacy, rzucają liny,
Tymi linami ciągną drabiny,
Włażą do góry, pną się na mury,
Tną siekierami, aż lecą wióry!
Czterech strażaków staje przy pompie –
Zaraz się ogień w wodzie ukąpie.
To nie przelewki, to nie zabawki!
Tryska strumieniem woda z sikawki,
Syczą płomienie, syczą i mokną,
Tryska strumieniem woda przez okno,
Już do komina sięga drabina,
Z okna na ziemię leci pierzyna,
Za nią poduszki, szafa, komoda,
W każdej szufladzie komody – woda.

Kot jest na strychu, w trwodze się miota,
Biegną strażacy ratować kota.
Włażą do góry, pną się na mury,
Tną siekierami, aż lecą wióry,
Na dół spadają kosze, tobołki,
Stołki fikają z okien koziołki,
Jeszcze dwa łóżka, jeszcze dwie ławki,
A tam się leje woda z sikawki.

Tak pracowali dzielni strażacy,
Że ich zalewał pot podczas pracy;
Jeden z drabiny przy tym się zwalił,
Drugi czuprynę sobie osmalił,
Trzeci, na dachu tkwiąc niewygodnie,
Zawisł na gwoździu i rozdarł spodnie,
A ci przy pompie w żałosnym stanie
Wzdychali: „Pomóż, Święty Florianie!"

Tak pracowali, że już po chwili
Pożar stłumili i ugasili.
Jeszcze dymiące gdzieniegdzie głownie
Pozalewali w kwadrans dosłownie,
Jeszcze sprawdzili wszystkie kominy,
Zdjęli drabiny, haki i liny,
Jeszcze postali sobie troszeczkę,
Załadowali pompę na beczkę,
Z ludźmi odbyli krótką rozmowę,
Wreszcie krzyknęli:
– Odjazd! Gotowe!
Jadą z powrotem, jadą z turkotem,
Jadą Browarną, Rybną, Nawrotem,
Jadą i trąbią: tram-tra-ta-tam!
Ludzie po drodze gapią się z bram,
Śmieją się do nich dziewczęta z okien
I każdy dumnym spogląda okiem:

– Rzadko bywają strażacy tacy,
Tacy strażacy – to są strażacy,
Takich strażaków potrzeba nam!

Tram-tra-ta-tam!
Tram-tra-ta-tam!

Mucha wracała właśnie do Łodzi;
Strażak na wieży kichnął. Nie szkodzi.
Inni strażacy po ciężkiej pracy
Myją się, czyszczą – jak to strażacy.
Koń w stajni grzebie nową podkową,
A beczka błyszczy obręczą nową.
Mucha spojrzała i odleciała –
Tak się skończyła historia cała.

WIOSENNE PORZĄDKI

Wiosenne porządki

Wiosna w kwietniu zbudziła się z rana,
Wyszła wprawdzie troszeczkę zaspana,
Lecz zajrzała we wszystkie zakątki:
– Zaczynamy wiosenne porządki.

Skoczył wietrzyk zamaszyście,
Poodkurzał mchy i liście.
Z bocznych dróżek, z polnych ścieżek
Powymiatał brudny śnieżek.

Krasnoludki wiadra niosą,
Myją ziemię ranną rosą.
Chmury, płynąc po błękicie,
Urządziły wielkie mycie,
A obłoki miękką szmatką
Polerują słońce gładko,
Aż się dziwią wszystkie dzieci,
Że tak w niebie ładnie świeci.
Bocian w górę poszybował,
Tęczę barwnie wymalował,
A żurawie i skowronki
Posypały kwieciem łąki,
Posypały klomby, grządki
I skończyły się porządki.

Przyjście lata

I cóż powiecie na to,
Że już się zbliża lato?

Kret skrzywił się ponuro:
– Przyjedzie pewno furą.

Jeż się najeżył srodze:
– Raczej na hulajnodze.

Wąż syknął: – Ja nie wierzę.
Przyjedzie na rowerze.

Kos gwizdnął: – Wiem coś o tym –
Przyleci samolotem.

– Skąd znowu – rzekła sroka –
Nie spuszczam z niego oka

I w zeszłym roku, w maju,
Widziałam je w tramwaju.

– Nieprawda! Lato zwykle
Przyjeżdża motocyklem!

– A ja wam to dowiodę,
Że właśnie samochodem.

– Nieprawda, bo w karecie!
– W karecie? Cóż pan plecie?

Oświadczyć mogę krótko:
Przypłynie własną łódką.

A lato przyszło pieszo –
Już łąki nim się cieszą

I stoją całe w kwiatach
Na powitanie lata.

Tydzień

Tydzień dzieci miał siedmioro:
– Niech się tutaj wszystkie zbiorą!

Ale przecież nie tak łatwo
Radzić sobie z liczną dziatwą:

Poniedziałek już od wtorku
Poszukuje kota w worku,

Wtorek środę wziął pod brodę:
– Chodźmy sitkiem czerpać wodę.

Czwartek w górze igłą grzebie
I zaszywa dziury w niebie.

Chcieli pracę skończyć w piątek,
A to ledwie był początek.

Zamyśliła się sobota:
– Toż dopiero jest robota!

Poszli razem do niedzieli,
Tam porządnie odpoczęli.

Tydzień drapie się w przedziałek:
– No, a gdzie jest poniedziałek?

Poniedziałek już od wtorku
Poszukuje kota w worku...

I tak dalej...

Grzebień i szczotka

Jurek bardzo był niedbały,
Aż się ciotki zamartwiały,
Aż ze złości ciotki chudły:
– Masz nie włosy, tylko kudły,
Potargane, rozczochrane,
To są rzeczy niesłychane!
Raz się uczesz, raz przynajmniej,
Dużo czasu to nie zajmie,
Masz tu szczotkę, masz tu grzebień,
Musisz zacząć dbać o siebie.

Grzebień zęby szczerzy,
A szczotka się jeży:
– Czesz się, Jerzy, jak należy,
Czesz się, Jerzy, jak należy!

Poszedł Jurek raz przy święcie
Do kolegi na przyjęcie,
Oczywiście – nie czesany,
Potargany, rozczochrany,
Dzwoni, chciałby wejść do środka –
Patrzy: grzebień, patrzy: szczotka!

Grzebień zęby szczerzy,
A szczotka się jeży:
– Czesz się, Jerzy, jak należy,
Czesz się, Jerzy, jak należy!

Tańcowała igła z nitką

Tańcowała igła z nitką,
Igła – pięknie, nitka – brzydko.

Igła cała jak z igiełki,
Nitce plączą się supełki.

Igła naprzód – nitka za nią:
– Ach, jak cudnie tańczyć z panią!

Igła biegnie drobnym ściegiem,
A za igłą – nitka biegiem.

Igła górą – nitka bokiem,
Igła zerka jednym okiem,

Sunie zwinna, zręczna, śmigła.
Nitka szepce: – Co za igła!

Tak ze sobą tańcowały,
Aż uszyły fartuch cały!

Mucha

Z kąpieli każdy korzysta,
A mucha chciała być czysta.
W niedzielę kąpała się w smole,
A w poniedziałek – w rosole,
We wtorek – w czerwonym winie,
A znowu w środę – w czerninie,
A potem w czwartek – w bigosie,
A w piątek – w tatarskim sosie,
W sobotę – w soku z moreli...
Co miała z takich kąpieli?
Co miała? Zmartwienie miała,
Bo z brudu lepi się cała,
A na myśl jej nie przychodzi,
Żeby wykąpać się w wodzie.

ZOO

Żyrafa

Żyrafa tym głównie żyje,
Że w górę wyciąga szyję.
A ja zazdroszczę żyrafie,
Ja nie potrafię.

Małpy

Małpy skaczą niedościgle,
Małpy robią małpie figle –
Niech pan spojrzy na pawiana:
Co za małpa, proszę pana!

Kangur

– Jakie pan ma stopy duże,
Panie kangurze!
– Wiadomo – dlatego kangury
W skarpetkach robią dziury.

Wielbłąd

Wielbłąd dźwiga swe dwa garby
Niczym dwa największe skarby
I jest w bardzo złym humorze,
Że trzeciego mieć nie może.

Tygrys

– Co słychać, panie tygrysie?
– A nic. Nudzi mi się.
– Czy chciałby pan wyjść zza tych krat?
– Pewnie. Przynajmniej bym pana zjadł.

Żółw

Żółw chciał pojechać koleją,
Lecz koleje nie tanieją.
Żółwiowi szkoda pieniędzy:
– Pójdę pieszo, będę prędzej.

Krokodyl

– Skąd ty jesteś, krokodylu?
– Ja? Znad Nilu.
Wypuść mnie na kilka chwil,
To zawiozę cię nad Nil.

Słoń

Ten słoń nazywa się Bombi.
Ma trąbę, lecz na niej nie trąbi.
Dlaczego? Nie bądź ciekawy –
To jego prywatne sprawy.

Niedźwiedź

Proszę państwa, oto miś.
Miś jest bardzo grzeczny dziś,
Chętnie państwu łapę poda.
Nie chce podać? A to szkoda.

Wilk

Powiem ci w słowach kilku,
Co myślę o tym wilku:
Gdyby nie był na obrazku,
Zaraz by cię zjadł, głuptasku.

Lis

Rudy ojciec, rudy dziadek,
Rudy ogon – to mój spadek,
A ja jestem rudy lis.
Ruszaj stąd, bo będę gryzł.

Dzik

Dzik jest dziki, dzik jest zły,
Dzik ma bardzo ostre kły.
Kto spotyka w lesie dzika,
Ten na drzewo szybko zmyka.

Żubr

Pozwólcie przedstawić sobie:
Pan żubr we własnej osobie.
No, pokaż się, żubrze. Zróbże
Minę uprzejmą, żubrze.

Papuga

– Papużko, papużko,
Powiedz mi coś na uszko.
– Nic ci nie powiem, boś ty plotkarz –
Powtórzysz każdemu, kogo spotkasz.

Pantera

Pantera jest cała w cętki,
A przy tym ma bieg taki prędki,
Że chociaż tego nie lubi,
Biegnąc – własne cętki gubi.

Struś

Struś ze strachu
Ciągle głowę chowa w piachu,
Więc ma opinię mazgaja.
A nadto znosi jaja wielkości strusiego jaja.

SIEDMIOMILOWE BUTY

Siedmiomilowe buty

Pojechał Michał pod Częstochowę,
Tam kupił buty siedmiomilowe.

Co stąpnie nogą – siedem mil trzaśnie,
Bo Michał takie buty miał właśnie.

Szedł pełen dumy, szedł pełen buty
W siedmiomilowe buty obuty.

W piętnaście minut był już w Warszawie:
– Tutaj – powiada – dłużej zabawię!

Żona spojrzała i zapłakała:
– Już nie dopędzę mego Michała!

Dzieci go ciągle tramwajem gonią,
A on już w Kutnie, a on już w Błoniu.

Wybrał się Michał z żoną do kina,
Lecz zawędrował do Radzymina.

Chciał starszą córkę odwiedzić w mieście,
Adres – wiadomo – Złota 30.

Poszedł piechotą, bo było blisko,
Trafił na Złotą, ale w Grodzisku.

Raz się umówił z teściem na rynku,
Zanim się spostrzegł – był w Ciechocinku.

Pobiegł z powrotem, myśląc, że zdąży,
I wnet się znalazł na rynku... w Łomży.

Chciał do Warszawy powrócić wreszcie.
Ale co chwila był w innym mieście:

W Kielcach, w Kaliszu, w Płocku, w Szczecinie
I w Skierniewicach, i w Koszalinie.

Nie mógł utrafić! Więc pod Opocznem
Jęknął żałośnie: – Tutaj odpocznę!

Usiadł i spojrzał ogromnie struty
Na swoje siedmiomilowe buty,

Zdjął je ze złością, do wody wrzucił
I na bosaka do domu wrócił.

Sójka

Wybiera się sójka za morze,
Ale wybrać się nie może.

– Trudno jest się rozstać z krajem,
A ja właśnie się rozstaję.

Poleciała więc na kresy
Pozałatwiać interesy.

Odwiedziła najpierw Szczecin,
Bo tam miała dwoje dzieci,
W Kielcach była dwa tygodnie,
Żeby wyspać się wygodnie,
Jedną noc spędziła w Gdyni
U znajomej gospodyni,
Wpadła także do Pułtuska,
Żeby w Narwi się popluskać,
A z Pułtuska do Torunia,
Gdzie mieszkała jej ciotunia.
Po ciotuni jeszcze sójka
Odwiedziła w Gnieźnie wujka,
Potem matkę, ojca, syna
I kuzyna z Krotoszyna.
Pożegnała się z rodziną,
A tymczasem rok upłynął.

Znów wybiera się za morze,
Ale wybrać się nie może.

Myśli sobie: „Nie zaszkodzi
Po zakupy wpaść do Łodzi".
Kupowała w Łodzi jaja,
Targowała się do maja,
Poleciała do Pabianic,
Dała dziesięć groszy – za nic,
A że już nie miała więcej,
Więc siedziała pięć miesięcy.

– Teraz – rzekła – czas za morze!
Ale wybrać się nie może.

Posiedziała w Częstochowie,
W Jędrzejowie i w Miechowie,
Odwiedziła Katowice,
Cieszyn, Trzyniec, Wadowice.
Potem jeszcze z lotu ptaka
Obejrzała miasto Kraka:
Wawel, Kopiec, Sukiennice,
Piękne place i ulice.

– Jeszcze wpadnę do Rogowa,
Wtedy będę już gotowa.

Przesiedziała tam do września,
Bo ją prosił o to chrześniak.
Odwiedziła w Gdańsku stryja,
A tu trzeci rok już mija.

Znów wybiera się za morze,
Ale wybrać się nie może.

– Trzeba lecieć do Warszawy,
Pozałatwiać wszystkie sprawy:
Paszport, wizy i dewizy,
Kupić kufry i walizy.
Poleciała, lecz pod Grójcem
Znów się żal zrobiło sójce.

– Nic nie stracę, gdy w Warszawie
Dłużej dzień czy dwa zabawię.

Zabawiła tydzień cały,
Miesiąc, kwartał, trzy kwartały!
Gdy już rok przebyła w mieście,
Pomyślała sobie wreszcie:
„Kto chce zwiedzać obce kraje,
Niechaj zwiedza. Ja – zostaję".

Globus

W szkole
Na stole
Stał globus –
Wielkości arbuza.
Aż tu naraz jakiś łobuz
Nabił mu guza.
Z tego wynikła
Historia całkiem niezwykła:

Siedlce wpadły do Krakowa,
Kraków zmienił się w jezioro,
Nowy Targ za San się schował,
A San urósł w górę sporą.

Tatry, nagle wywrócone,
Okazały się w dolinie,
Wieprz popłynął w inną stronę
I zawadził aż o Gdynię.

Tam gdzie wpierw płynęła Wisła,
Wyskoczyła wielka góra,
Rzeka Bzura całkiem prysła,
A powstała góra Bzura.
Stary Giewont zląkł się wielce
I przykucnął pod parkanem;
Każdy myślał, że to Kielce,
A to było Zakopane.

Łódź pobiegła pod Opole
W jakichś bardzo ważnych sprawach –
Tylko nikt nie wiedział w szkole,
Gdzie podziała się Warszawa.
Nie było jej na Śląsku ani w Poznańskiem,
Ani na Pomorzu, ani pod Gdańskiem,
Ani na Ziemiach Zachodnich,
Ani na północ od nich,
Ani blisko, ani daleko,
Ani nad żadną rzeką,
Ani nad żadnym z mórz.
Po prostu przepadła – i już!

Trzeba prędzej oddać globus do naprawy,
Bo nie może Polska istnieć bez Warszawy!

Kłótnia rzek

Jaki powód rzeki miały,
Że się nagle posprzeczały
I tak długo trwały w gniewie,
Tego nikt naprawdę nie wie.
Ponoć pierwsza rzekła Warta,
Że jest Noteć nic nie warta,
Warcie na to rzekła Odra,
Że jest głupia i niedobra.
Wtedy padły słowa Wieprza:
– Sama też nie jesteś lepsza!
Wieprza znów skarciła Raba:
– Oby cię wypiła żaba!
Na to się odezwie Nida:
– Tobie samej też się przyda!
Biebrza na to rzecze grzecznie:
– Mówisz, rzeko, niedorzecznie.
Jak nie skoczy San na Biebrzę:
– Sama wciąż u Narwi żebrze,
A dla innych – niełaskawa!
– San, a głupi! – rzekła Skawa.

I tak trwały kłótnie długie
Sanu z Sołą, Wieprza z Bugiem,
Ledwie coś tam powie która,
A już Nysa, a już Bzura,
A już Odra czy Barycza
Wszystkie wady jej wylicza.

To się tak sprzykrzyło Wiśle,
Że im rzekła po namyśle:

– Drogie rzeki, biorąc ściśle,
Waszych słów naprawdę szkoda –
Przecież to jest wszystko woda!
Jednakowy los nas czeka,
W morze wpadnie każda rzeka.

Gdy tak rzekła mądra Wisła,
Cała zwada zaraz prysła.

Stonoga

Mieszkała stonoga pod Białą,
Bo tak się jej podobało.
Raz przychodzi liścik mały
Do stonogi,
Że proszona jest do Białej
Na pierogi.
Ucieszyło to stonogę,
Więc ruszyła szybko w drogę.

Nim zdążyła dojść do Białej,
Nogi jej się poplątały:
Lewa z prawą, przednia z tylną,
Każdej nodze bardzo pilno;
Szósta zdążyć chce za siódmą,
Ale siódmej iść za trudno,
No, bo przed nią stoi ósma,
Która właśnie jakiś guz ma.

Chciała minąć jedenastą,
Poplątała się z piętnastą,
A ta znów z dwudziestą piątą,
Trzydziesta z dziewięćdziesiątą,
A druga z czterdziestą czwartą,
Choć wcale nie było warto.

Stanęła stonoga wśród drogi,
Rozplątać chce sobie nogi;
A w Białej stygną pierogi!

Rozplątała pierwszą, drugą,
Z trzecią trwało bardzo długo,
Zanim doszła do trzydziestej,
Zapomniała o dwudziestej,
Przy czterdziestej już się krząta.
– No, a gdzie jest pięćdziesiąta?
Sześćdziesiątą nogę beszta:
– Prędzej, prędzej! A gdzie reszta?

To wszystko tak długo trwało,
Że przez ten czas całą Białą
Przemalowano na zielono,
A do Zielonej stonogi nie proszono.

Atrament

Nikt opisać nie potrafi,
Jaki w szkole powstał zamęt,
Gdy na lekcji geografii
Nagle wylał się atrament.

Porozlewał się po mapie,
Co leżała na katedrze,
Tutaj cieknie, tam znów kapie,
Wnet do różnych miast się wedrze.

W Kocku, w Płocku, w Radzyminie
Czarne kleksy się rozprysły
I atrament dalej płynie,
I już wlewa się do Wisły.

Pewien strażak dla ochłody
Miał się kąpać w tym momencie,
Zdjął ubranie, wszedł do wody,
Lecz się znalazł w atramencie.

Strażakowi zrzedła mina:
– Cóż to znowu za pomysły?
I czarniejszy od Murzyna
Wyszedł strażak z nurtów Wisły.

Długo martwił się i smucił:
– W straży tak się nie pokażę...
Więc do straży nie powrócił,
Tylko został kominiarzem.

SZELMOSTWA LISA WITALISA

I

Znano różne w świecie lisy:
Był więc lis Ancymon Łysy;

Pospolity lisek rudy,
Pełen sprytu i obłudy;

Lis niebieski – wielki sknera;
Zezowaty lis – przechera;

Czarny lisek ogoniasty;
Lis Patrycy Jedenasty;

Srebrny lis niezwykle szczwany;
Lis Mikita spod Oszmiany;

Lis Telesfor farbowany,
Niebezpieczny i zawzięty;

Lis Wincenty, lis Walenty,

Lecz nie było w świecie lisa
Ponad lisa Witalisa.

Miał Witalis taki ogon,
Że nie było wprost nikogo,
Kto nie stanąłby zdumiony:
Taki ogon nad ogony!

I falisty, i puszysty,
I niezwykle zamaszysty,
I ruchliwy na kształt kity –
Niezrównany, znakomity!

Gdy Witalis kroczył drogą,
Wpierw widziano jego ogon,
Co jak ruda chmura zwisa,
A dopiero potem – lisa.

Gdy się lis pogrążył we śnie,
Dziesięć ptaków jednocześnie
W tym ogonie wiło gniazda,
Niosło jajka, potem – jazda!
Lis się budził niespodzianie
I – jadł ptaszki na śniadanie.

Gdy Witalis przed wieczorem
Kucnął sobie nad jeziorem
I potrząsnął swym ogonem,
Wszystkie rybki, zachwycone,
Wypływały bardzo prędko
Za ogonem jak za wędką:
Lis je w sosie wyśmienitym
Jadł na obiad z apetytem.

Był Witalis maści rudej,
Niezbyt gruby, niezbyt chudy,
Miał na prawym oku bielmo
I był szelmą. Strasznym szelmą!

Miał rozumu za dziesięciu,
Toteż w każdym przedsięwzięciu
Wprawiał w podziw swoim sprytem,
Wyrobieniem znakomitym,
Orientacją doskonałą
I dowcipem, jakich mało!
A miał w sobie tyle dumy,
Jakby wszystkie zjadł rozumy.

II

Jest na wschodzie miasto Łomża.
Gdy na wschód się dalej zdąża,
Las wyrasta na bezkresie,
Ciemny wąwóz jest w tym lesie,
W tym wąwozie lis miał jamę,
A w tej jamie – dziwy same.

Więc lusterko posrebrzane,
Które z tego było znane,
Że gdy czyhał ktoś na lisa,
Powstawała na nim rysa.

Prócz lusterka miał pudełko,
Dokąd zajrzeć mógł przez szkiełko,
By ustalić w sposób łatwy,
Gdzie zimują kuropatwy
Lub na skraju jakiej łączki
Zabawiają się zajączki.

Miał prócz tego srebrną misę
Z ozdobami i napisem:
„Misa lisa Witalisa".
Zawsze pełna była misa
I nic z niej nie ubywało,
Choć Witalis jadł niemało.

Miał ponadto złoty grzebień,
Bowiem bardzo dbał o siebie,
I grzebieniem tym starannie
Czesał ogon nieustannie:
Rozczesywał raz i wtóry
Z góry na dół i do góry,
I raz jeszcze, i na nowo
Rozczesywał – daję słowo!

Był Witalis rodem z Polski,
Lecz kapelusz miał tyrolski,
W którym było mu do twarzy,
Choć wyglądał nieco starzej.

III

Raz posłyszał, że niedźwiedzie
Są w tym roku w wielkiej biedzie,
Więc nie tracąc chwili czasu,
Żwawo udał się do lasu.
Przyszedł grzeczny, miły, gładki:
– Cóż, robaczki? Cóż, niedźwiadki?
Krucho z wami? Chodzą gadki,
Że bezmięsne już obiadki
Jeść musicie! Ziółka, kwiatki,
Trawki, listki i sałatki!
Chodzą gadki, że za miedzą
Dwa zajączki małe siedzą,
Które was za chwilę zjedzą!
Wstyd mi za was! Gdy posucha,
Niedźwiedź tylko w łapy dmucha.
Gdzie popatrzeć – chuderlaki!
Przykry mi jest widok taki!
Fe! Doprawdy, nie wypada,
Lepiej, gdy potrzebna rada,
Przyjść po radę do sąsiada.

Zawstydziły się niedźwiedzie:
– Źle się nam ostatnio wiedzie,
Poradź, poradź nam, sąsiedzie,
Powiedz, lisie Witalisie,
Jakie jest twe widzimisię?

Lis przyczesał sobie ogon
I powiedział z miną srogą:
– Chodźcie ze mną! Znam zagrodę,
W której są prosięta młode.
Jest was pięciu i dla pięciu
Będzie dzisiaj po prosięciu!

Ucieszyły się niedźwiedzie:
– Prowadź, prowadź nas, sąsiedzie!
Poszli razem leśną drogą.
Sam Witalis, prężąc ogon,
Uroczyście szedł na przedzie.
A za lisem w ślad – niedźwiedzie:
Cztery stare, jeden młody.
Przyszli nocą do zagrody,
Lis obejrzał parkan, chatkę
I pociągnął za kołatkę.
– Któż to straszy dzieci nocą?
Kto przychodzi tu i po co?

– To Witalis – lis odrzecze. –
Proszę, otwórz mi, człowiecze,
Z chlewu zabrać chcę prosiaki,
Bo mam dziś apetyt taki.

Po tych słowach lis dał nurka,
A tymczasem od podwórka
Psów zjawiła się gromada.
Każdy szczeka i ujada,
Każdy groźnie zęby szczerzy,
Każdy gryzie, gdzie należy,

Aż niedźwiedzie, pełne trwogi,
Powiedziały sobie: – W nogi!
Ratuj, lisie Witalisie!
Ale psom aż w ślepiach skrzy się
I popadły w ferwor taki,
Że fruwały tylko kłaki.

Lis tymczasem, sunąc boczkiem,
Wbiegł przez furtkę drobnym
kroczkiem,
Po szelmowsku mrugnął oczkiem,
Wszedł ostrożnie do kurnika,
Porwał kaczkę, gęś, indyka,
Trzy kurczaki i perliczkę,
Związał wszystko to rzemyczkiem
I nie tracąc chwili czasu,
Pobiegł z łupem swym do lasu.

A niedźwiedzie, nieszczęśliwe,
Pogryzione, na wpół żywe,
Kulejące, głodne, chore,
Odszukały lisią norę.

– Przydybaliśmy cię, rybko!
Dosyć żartów! Wyłaź szybko,
Wyłaź, lisie Witalisie!

Lis Witalis już – po rysie
Na lusterku – poznał snadnie,
Że nań gniew niedźwiedzi spadnie.
Widząc, że mu coś zagraża,
Lis ukazał się w bandażach,

W plastrach, szmatach i gałganach:
– Spójrzcie, cały jestem w ranach!
Ogon strasznie mam zwichnięty,
Pokąsane wszystkie pięty;
Narażałem własne życie,
By was bronić należycie.
Wojna była nie na żarty,
Psy walczyły jak lamparty,
W sposób groźny i zażarty.
Lecz wyjawić mogę skromnie,
Że daleko im jest do mnie:
Gdym wyskoczył zza chałupy,
Padły pierwsze cztery trupy,
Jeden pies już po minucie
W przerażeniu wielkim uciekł,
Drugi chciał go wziąć w obronę,
Więc zabiłem go ogonem.
Cztery dalsze, poranione,
Położyły się pod płotem
I skonały wkrótce potem,
A jedynie niedobitki
Was napadły w sposób brzydki.
Cóż, dostaliście po skórze.
A dlaczego? Boście tchórze!

Zawstydziło to niedźwiedzi,
Brak im było odpowiedzi,
Więc nie żaląc się nikomu
Poszły głodne spać do domu.
– Żegnaj, lisie Witalisie!

Spać lisowi ani śni się!
Do swej jamy szybko wrócił,
Zdjął bandaże, plastry zrzucił,
Zerknął w lustro z miną błogą
I przyczesał sobie ogon.

Potem przyniósł chrustu wiązkę,
Żeby upiec sobie gąskę.
Gąska taka była wściekła,
Że na ogniu raka spiekła,
Lecz z natury była miła,
Więc się pięknie zrumieniła
I Witalis porcję tłustą
Zjadł z jabłkami i kapustą.

IV

W czas zimowej chłodnej pory
Wyszedł lis ze swojej nory:
– Do mnie, wszystkie głodomory,
Do mnie, z lasów, z kniei, z chaszczy!
Mam ja coś dla każdej paszczy!

Kto nie dojadł, ten się naje!
Znam zwierzęce obyczaje,
Znam zwierzęce apetyty
I mam pomysł znakomity,
Żeby każdy z was był syty.

Zewsząd zbiegły się zwierzęta,
Bo dla zwierząt to przynęta,
Pokąd iskra życia tli się.
– Gadaj, lisie Witalisie,
Przybywamy całą zgrają,
Bo nam kiszki marsza grają.
Opowiadaj, lisie, ściśle
O niezwykłym swym pomyśle!

Lis tych słów uważnie słuchał,
Po czym rzekł zdejmując z ucha
Swój kapelusz zawadiacki:
– Umiem piec ze śniegu placki.
Mam do tego obok, w lasku,
Piec własnego wynalazku.

Kto dostarczy kupę śniegu
I dorzuci mi do tego
Połeć sadła lub słoniny,
Ten w niespełna pół godziny
Prosto z pieca na śniadanie
Placków tłustych niesłychanie
Pełny taki wór dostanie.
Mówiąc to potrząsnął worem,
Że aż z wora nad otworem
Buchnął, mile łechcąc w chrapach,
Pieczonego ciasta zapach.
Zaś Witalis prawił dalej:

– Mnie bynajmniej się nie pali,
Takie placki stale jadam,
Ale sobie trud ten zadam,
By wyżywić was do wiosny,
Bo wasz wygląd jest żałosny.

Co za placki! Szkoda gadać!
Mógłbym tydzień opowiadać
O ich cudnym aromacie,
O ich smaku! Otóż macie.

Z tymi słowy wyjął z wora
Placków tuzin czy półtora
I sam zjadł je z apetytem,
Pomlaskując sobie przy tym.

Po szelmowskim tym popisie
Padły głosy: – Witalisie,
Co się zjadło, to przepadło,
Dostarczymy śnieg i sadło,
Uczta będzie wyśmienita,
Chcemy najeść się do syta,
Chcemy placki mieć – i kwita!

Lis przyczesał sobie ogon:
– Placki jutro być już mogą.

Więc nazajutrz bardzo wcześnie,
Gdy las tonął jeszcze we śnie,
Tłumy zwierząt szły w szeregu,
Wlokąc całe góry śniegu,
A do tego jeszcze sadło –
Tyle, ile go przypadło.

Lis już stał przed swoją norą.
Spojrzał: owszem, sadła sporo!
Pełen werwy i ochoty
Wziął się zaraz do roboty,
Zdjął kapelusz, duchem skoczył,
Z pięćset śnieżnych kul utoczył,
Każdą spłaszczył szybkim ruchem,
Tak jak robi się z racuchem,
Schwycił sadło i rzetelnie
Wysmarował nim patelnię;
I choć to jest rzecz kobieca,
Placki wkładać jął do pieca.

Z pieca wnet buchnęła para,
A Witalis już się stara,
Już dorzuca nowe placki,
Taki z niego kucharz chwacki.

Przyglądają się zwierzęta,
Pilnie chodzą mu po piętach,
Wprost doczekać się nie mogą!
A Witalis pręży ogon,
Zda się, wącha cudny zapach,
Aż zwierzętom kręci w chrapach,
Aż zwierzętom skręca kiszki.
A Witalis zbiera szyszki
I do ognia je dorzuca,
Krąży, krząta się, przykuca.
– Sadła jeszcze! Sadła! Prędzej!
No, bo placki wam uwędzę!
Po upływie pół godziny,
Niewyraźne strojąc miny,
Z pieca wyjął lis patelnię
I do zwierząt rzekł bezczelnie:
– A to dziwna jest przygoda!
Proszę, spójrzcie, sama woda!
Z takim śniegiem trudu szkoda:
Rozpuszczony, mokry, sypki –
Mogłyby w nim pływać rybki!
A mówiłem, że to nie to!
Śnieg powinien być jak beton –
Zamarznięty i w kawałkach.
Taki właśnie jest w Suwałkach,
W Augustowie, w Ostrołęce...
A to co? Umywam ręce!
Poszło całe wasze sadło,
Tyle pracy mej przepadło!
Nie nabiorę się powtórnie,
Mam was dosyć, boście durnie!

Zawstydziły się zwierzęta.
Racja! Nikt z nich nie pamiętał,
Że przed samym świtem jeszcze
Padał śnieg zmieszany z deszczem.
A śnieg z deszczem jest wodnisty –
Fakt dla wszystkich oczywisty.

Na nic całe przedsięwzięcie!

Lis wykręcił się na pięcie,
Spuścił ogon na znak smutku
I do nory powolutku
Poszedł, by się zamknąć w norze,
Bo był w bardzo złym humorze.
Lecz gdy już odeszli goście,
Wtedy z pieca jak najprościej
Wyjął sadło, włożył w garnki,
Garnki schował do spiżarki,
Po czym, dumny z tego zysku,
Krzyknął: – Brawo, Witalisku!

V

Jak co rok w Zielone Święta
Zgromadziły się zwierzęta
Dla obioru prezydenta.
Jest to taka ważna sprawa,
Że zwierzęce wszystkie prawa
Dzień ten czynią dniem przymierza:
Zwierz na zwierza nie uderza,
Gęś jest pewna swego pierza,
Pies nie czai się na jeża,
Owca może wyjść ze stada –
Nikt nikogo nie napada.
Kot nie drapie, wilk nie zjada,
Nawet zając, choć ma pietra,
Z odległości kilometra
Obserwuje te wybory,
Nawet mysz wychodzi z nory,
Nawet tchórz ze strachu chory
Na wybory śpieszy żwawo,
Bo mu wolno. Bo ma prawo.

Lis Witalis, wielki szelma,
Łypie białkiem swego bielma,
Pręży ogon znakomity,
Zwisający na kształt kity,
I w tyrolskim kapeluszu
Krąży pełen animuszu.

Tu do wilka się przymili
I coś szepnie, tam po chwili
Do niedźwiedzia chyłkiem sunie,
Jakieś słówko rzuci kunie,
Chytrze mrugnie do jelenia,
Jeża muśnie od niechcenia,
Mysz ogonem połaskocze,
Mimochodem, Bóg wie o czym,
Porozmawia chwilkę z rysiem.
– Świetnie, lisie Witalisie!

Wszyscy myślą: „A to szelma!
Jakiś w tym, widocznie, cel ma".

Już najstarszy wilk buławą
Machnął w lewo, machnął w prawo;
Takie jest zwierzęce prawo.

Już wybory rozpoczęte –
Któż zostanie prezydentem?
Lis spryciarzem był bezsprzecznie,
Więc o głos poprosił grzecznie,
Wszedł na pień i w słowach kilku
Tak powiedział:

– Zacny wilku,
I wy, wszyscy tu zebrani,
Tak przeze mnie szanowani,
Albo mówiąc wprost – zwierzęta!
Macie wybrać prezydenta.
Czyż jest ktoś, kto nie pamięta
Zasług lisa Witalisa?

W pięciu tomach ich nie spisać!
Otóż ja przed wielu laty,
Gdym był młody i bogaty,
W ciągu jednej tylko wiosny
Zasadziłem tutaj sosny,
Buki, dęby – niemal wszystko,
By zwierzętom dać schronisko!

Dla was szereg lat z zapałem
Drób w kurnikach hodowałem,
Dla was w chlewach tuczę wieprze,
Byście mieli życie lepsze.
Jestem waszym dobrodziejem,
A sam nie śpię, a sam nie jem,
Tylko myślę dniem i nocą,
Jak zwierzętom przyjść z pomocą...

Mruknął niedźwiedź do sąsiada:
– Co tu gadać – dobrze gada!
Szepnął borsuk: – Jaka swada,
Jaka dykcja i wymowa,
To przynajmniej tęga głowa!

A tymczasem lis po chwili
Ciągnął dalej: – Moi mili,
Nie namawiam, ale radzę:
Jeśli dziś otrzymam władzę,
Daję słowo, że zasadzę
W ciągu pięciu dni na piasku
Drzewa mego wynalazku.
Już nie szyszki, nie żołędzie,
Ale rosnąć na nich będzie
Schab wędzony i pieczony,
Boczki, szynki, salcesony,
Mortadela i serdelki,
Mięs przeróżnych wybór wielki,

Nawet prosię w galarecie,
Jeśli tylko zapragniecie.

Wszystkim oczy aż zabłysły:
– Lis niezgorsze ma pomysły,
Niech zostanie prezydentem!
– Czy przyjęte? – Tak! Przyjęte!
Niedźwiedź objął go za szyję
I zawołał: – Niech nam żyje!

– Żyj nam, lisie Witalisie! –
Powtórzyły za nim rysie,
Kuny, tchórze i jelenie
Oraz całe zgromadzenie.

Po wyborach zgodnie z prawem
Lis od wilka wziął buławę
I do domu cztery kozły
Z wielką pompą go zawiozły.

Kiedy jechał leśną drogą,
Wpierw widziano jego ogon,
Co jak ruda chmura zwisa,
A dopiero potem – lisa.

Już nazajutrz na polanie
Zaczął lis urzędowanie.
Kazał podać sobie korę,
Wziął do garści pióro spore
I ustawę za ustawą
Jął wydawać z wielką wprawą:

– Zarządzamy, by zwierzęta
Do użytku prezydenta
Oddawały, prócz okupu,
Czwartą część swojego łupu.

Żeby każdy ptak od maja
Aż do maja wszystkie jaja
Niósł dla lisa Witalisa,
Który żółtka z nich wysysa.

Żeby kury i kurczęta
Same szły do prezydenta
I prosiły, by na rożnie
Raczył upiec je ostrożnie.

Nie pamiętam już, niestety,
Jakie prawa i dekrety
Wydał jeszcze lis ponadto,
Lecz zwierzęcy cały świat to,
Pełen lęku i poddania,
Wykonywał bez szemrania.

*

Upływały dni, tygodnie...
Lis Witalis żył wygodnie,
Łupił wszystkich, jak się dało,
I korzyści miał niemało.
Przed siedzibą jego zawsze
Dwa niedźwiedzie co najżwawsze
Stały sprawnie i wzorowo
Pełniąc wartę honorową.
Stały też jelenie cztery,
By go wozić na spacery.

A wiewiórki przez dzień cały
Przy ogonie się krzątały
I chuchały, i dmuchały,
I bez przerwy go czesały.

Nikt spokoju nie miał w lesie:
Ten usłuży, tamten poda,
Ten przyniesie, ten odniesie,
Nawet borsuk – wojewoda,
Choć to bardzo dumna sztuka,
Był u lisa za hajduka,
Więc złościło to borsuka.
Jadł Witalis za dwudziestu
I zwierzęta bez protestu
Napychały mu spiżarnię,
Chociaż same jadły marnie.

Nigdy nie chciał z nikim gadać
Ani nawet odpowiadać
Na pytania, na podania
I nie dawał posłuchania.
Siedział dumny niczym basza,
Jadł i mówił: – Sprawa wasza
Dobrze dbać o mój żołądek.
Taki musi być porządek;
Jam prezydent, czyli władza,
A jak komu nie dogadza,
Niech zabiera się i zmiata,
Jeśli nie chce wąchać bata!

VI

Gdy już wreszcie lisi nierząd
Klęską spadł na życie zwierząt,
Wilk cichaczem, bez hałasu,
Zwołał wielki wiec do lasu
I gdy wszyscy się zebrali,
Rzekł: – Nie może być tak dalej!

Czeka wszystkich nas zagłada
I jest na to jedna rada:
Złapmy lisa lub zastrzelmy –
Dość już rządów tego szelmy,
Tego lisa Witalisa,
Który soki z nas wysysa!
Padły słowa: – Racja! Brawo!
– Lis Witalis gwałci prawo!
– Zniszczył wszystkich nas
ze szczętem!
– Precz! Precz z takim
prezydentem!
I uchwalił wiec zwierzęcy,
Że nie ścierpi tego więcej,
Że lis broił co niemiara,
Więc go musi spotkać kara.

Lis tymczasem do lusterka
Niespokojnym okiem zerka;
Nagle widzi – co to? Rysa!
Strach obleciał Witalisa.
A tu rysa rośnie, rośnie,
Załamuje się ukośnie

I lusterko całe łamie.
A Witalis, siedząc w jamie,
Zimny pot ociera z czoła.
– Sprawa jednak niewesoła!

Machnął raz czy dwa ogonem,
Po czym smutnie rzekł: – Skończone!
Co użyłem, to użyłem,
Dobrze jadłem, dobrze piłem,
Za to teraz czas mi w drogę.
Trudno. Zostać tu nie mogę!

Zapakował parę waliz
I chciał umknąć lis Witalis.

Zatrzymały go niedźwiedzie:
– Po co śpieszyć się, sąsiedzie?
Nie tak prędko, jeszcze chwilka,
Wstąpić musisz wpierw do wilka,
Wilk ma spraw do ciebie kilka.

– Wilk zaprasza? Rzecz ciekawa!

– Wilk cię wzywa w imię prawa.

– Ani myślę! Nie chce mi się!
– Mamy rozkaz, Witalisie,
Lepiej się nie stawiaj hardo,
Bo dostaniesz halabardą.

Tu lisowi ścierpła skóra.
Widząc, że już nic nie wskóra,
Ciężko westchnął, spuścił ogon
I potulnie ruszył drogą.

Wilk nań czekał w cieniu buka:
Z prawej strony miał borsuka,
Z lewej dzika. Nieco dalej
Delegaci zwierząt stali.

Lis zatrzymał się w pół drogi,
Ale wilk, ogromnie srogi,
Ryknął: – Bliżej! Ruszaj mi się!
Kara cię nie minie, lisie!
Brać go!

Wzięły go dwa rysie,
Ten za nogi, ów za głowę;
Wilk zawołał więc: – Gotowe!
Wtedy wyszły dwie łasiczki;
Miała każda z nich nożyczki.
Pochwyciły ogon lisa,
Co jak ruda chmura zwisał,
I do pracy się zabrały:
Cięły, strzygły, przystrzygały,
Odrzucały rude pęki,
Podcinały puszek miękki
Szybko, zwinnie, lecz ostrożnie.
A lis wił się jak na rożnie,
Jęczał, szlochał, zrozpaczony:
– Taki ogon nad ogony
Ostrzyc... zniszczyć! O zbrodniarze!
Jakżeż teraz się pokażę?
Jak pokażę się z ogonem
Tak nikczemnie ostrzyżonym?!

Rzeczywiście. Ogon lisa
Zwisał jak pałeczka łysa,
A wiatr rudy puch rozwiewał
I unosił ponad drzewa.

Wypuściły lisa rysie,
A wilk ryknął: – Wynoś mi się,
Zmiataj, lisie Witalisie!
Lis uciekał, gdzie pieprz rośnie.
Raz zatrzymał się przy sośnie
I usłyszał zawstydzony,
Jak się z niego śmiały wrony,

Kuny, susły, nawet jeże –
Każdy ptak i każde zwierzę:

– Taki ogon zamiast tyczki
Mógłby być dla ogrodniczki!

– Toż to sęk, nie żaden ogon!

– Śmieszny widok, swoją drogą!

– To ci ogon nad ogony!...

Lis Witalis, ośmieszony,
Wyszydzony, uciekł z lasu
I już nikt od tego czasu
Nie oglądał Witalisa –
Nawet ja, com go opisał.

SPIS TREŚCI